DELFINES

MAMIFERO MARINO

Sarah Palmer

Versión en español de Lois Sands

Rourke Enterprises, Inc.
Vero Beach, Florida 32964

LIBRARY OF CONGRESS
Library of Congress Cataloging-in-Publication Data
Palmer, Sarah, 1955-
[Delfines. Español.]
   Delfines / por Sarah Palmer; versión en español de Lois
Sands.
      p.   cm. — (Biblioteca de descubrimiento del mamífero marino)
      Traducción de: Dolphins.
      Incluye un índice alfabético.
      Sumario: Describe en términos sencillos la apariencia, la infancia,
los hábitos, el comportamiento y el habitat de los delfines.
   ISBN 0-86592-849-5
      1. Delfines—Literatura juvenil.
[1. Delfines.   2. Materiales de lenguaje en español.]
I. Título.   II. De la serie de: Palmer, Sarah, 1955-
Biblioteca de descubrimiento del mamífero marino.
QL737.C432P3518   1991
599.5'3—dc20   91-22752
                                            CIP
                                            AC

ÍNDICE

DELFINES

El nombre científico, Delphindae, incluye todos los delfines y sus parientes más pequeños, las marsopas.

Hay muchas clases de delfines. Una clase muy conocida es el delfín con la nariz en forma de botella *(Tursiops truncatus).* Se ve casi siempre en películas. Estos delfines aprenden trucos con facilidad. El delfín más común es Delphinus delphis, o el delfín común.

Los delfines con nariz en forma de botella se ven seguido en las películas

CÓMO SON

La mayoría de los delfines tienen espaldas grises o cafés con la parte de abajo de color más claro. Todos se parecen. Algunos tienen marcas que nos ayudan a reconocerlos. Hay delfines con manchas blancas en los costados. Las ballenas matadoras, que son en realidad delfines grandes, tienen marcas negras y blancas. Los delfines crecen hasta un tamaño de casi ocho pies. Algunas clases pueden llegar a doce pies.

Las ballenas matadoras a veces son entrenadas con delfines

DÓNDE VIVEN

Los delfines viven en la mayoría de los océanos del mundo.

Los delfines comunes y los que tienen nariz en forma de botella se pueden ver en los océanos más tépidos por todo el mundo. Muchas veces **rompen de las olas** o saltan cerca de botes y barcos en el Océano Atlántico. Los delfines también se arriman cerca de la orilla. Algunas clases de delfines, como el delfín Ganges, *(Platanista gangetica),* viven en los ríos. Estos delfines son muy diferentes a los que viven en el océano.

Los delfines a veces siguen los barcos al puerto

LO QUE COMEN

Los delfines comen casi cualquier clase de pez. Los delfines y las ballenas que viajan en **cardumen,** a veces se reúnen para comer un grupo grande de peces. Los delfines comunes comen entre diez y veinte libras de pescado y calamares en un día. Es fácil mantener a los delfines en los parques marinos porque su dieta es tan simple. Los que cuidan a los delfines los recompensan con pescado cuando hacen trucos para el público.

Un cardumen de delfines casi siempre indica que muy cerca hay peces

A los delfines les encanta jugar en el océano

Las ballenas matadoras son delfines muy grandes

VIVIENDO EN EL OCÉANO

Los delfines son muy elegantes. Sus cuerpos lisos se mueven ágilmente por el agua y saltan por el aire. Las colas de los delfines son muy fuertes. Dirigen sus cuerpos con sus **aletas** y usan sus colas para moverse rápidamente por el agua. Los delfines son nadadores veloces. Pueden nadar distancias cortas a más de 25 millas por hora. Como todos los **mamíferos** marinos, los delfines necesitan respirar aire. Pueden quedarse debajo del agua solamente por cinco minutos así que no se zambullen muy hondo.

Los delfines pueden nadar muy ligero

SUS SENTIDOS

Los delfines pueden oir bien. Pueden escuchar sonidos que la gente no puede oir. Los delfines usan sonidos para ayudarles "ver" objetos debajo del agua. Ellos envían silbidos y chasquidos por el agua. Cuando los sonidos rebotan en los objetos hacen un eco. Cada objeto hace un eco diferente. Los delfines se dan cuenta por el eco dónde están los objetos.

Los delfines pueden evitar barcos usando su excelente sentido de oir

LA COMUNICACIÓN

Los delfines se hablan entre sí por medio de una serie de chasquidos, crujidos y silbidos. Los científicos todavía están estudiando los sonidos que hacen los delfines. En un experimento retardaron un chasquido que dura un segundo. Encontraron que era en realidad una serie de chasquidos rápidos. Cada chasquido que la gente oye se compone de 20 a 400 chasquidos en una fracción de un segundo.

Mucha gente ha tratado de entender el idioma complicado de los delfines. Hasta la fecha nadie ha podido hacerlo.

Los delfines se comunican con una serie de crujidos y chasquidos

DELFINES BEBÉS

Las hembras de los delfines normalmente tienen un **becerro marino** cada dos añõs. Las crías nacen con la cola primero así no se ahogan. Otra hembra delfín ayuda a la madre a alzar su cría a la superficie del agua para que respire. Al principio los becerros se quedan muy cerca de sus madres. Al ir creciendo, los becerros se ponen más curiosos y se van a nadar o a jugar solos. Sin embargo, regresan al lado de sus madres cuando ellas llaman.

Los delfines bebés se sienten seguros al lado de sus madres

LOS DELFINES Y LOS SERES HUMANOS

A la gente les encanta ver los trucos de los delfines en el zoológico. Ellos saltan por aros y juegan a la pelota con sus guardianes. Los delfines son muy inteligentes.

Aprenden sus trucos rápidamente y con facilidad. ¡A veces ellos inventan trucos sólo para divertirse! Los delfines pueden transformar a casi cualquier objeto en un juego. Los delfines jóvenes son especialmente enérgicos. Siempre están listos para jugar.

GLOSARIO

aletas — miembro del cuerpo de los delfines que los ayuda a guiar su cuerpo por el agua

becerro marino — un delfín joven

cardumen — groupo de delfines

mamíferos — animales que alimentan a sus crías con leche de madre

romper de las olas — saltar de una ola por el aire

ÍNDICE ALFABÉTICO